BEI GRIN MACHT SICH IHR WISSEN BEZAHLT

AF156969

- Wir veröffentlichen Ihre Hausarbeit, Bachelor- und Masterarbeit

- Ihr eigenes eBook und Buch - weltweit in allen wichtigen Shops

- Verdienen Sie an jedem Verkauf

Jetzt bei www.GRIN.com hochladen und kostenlos publizieren

Bibliografische Information der Deutschen Nationalbibliothek:

Die Deutsche Bibliothek verzeichnet diese Publikation in der Deutschen National-
bibliografie; detaillierte bibliografische Daten sind im Internet über http://dnb.d-
nb.de/ abrufbar.

Impressum:

Copyright © 2016 GRIN Verlag
Druck und Bindung: Books on Demand GmbH, Norderstedt Germany
ISBN: 9783668782730

Dieses Buch bei GRIN:

https://www.grin.com/document/437916

Susann-Christin Zwinge

Jahresabschluss, Controlling und Kostenrechnung

GRIN Verlag

GRIN - Your knowledge has value

Der GRIN Verlag publiziert seit 1998 wissenschaftliche Arbeiten von Studenten, Hochschullehrern und anderen Akademikern als eBook und gedrucktes Buch. Die Verlagswebsite www.grin.com ist die ideale Plattform zur Veröffentlichung von Hausarbeiten, Abschlussarbeiten, wissenschaftlichen Aufsätzen, Dissertationen und Fachbüchern.

Besuchen Sie uns im Internet:

http://www.grin.com/

http://www.facebook.com/grincom

http://www.twitter.com/grin_com

Deutsche Hochschule für

Prävention und Gesundheitsmanagement

Hermann Neuberger Sportschule 3

66123 Saarbrücken

Einsendeaufgabe

Fachmodul:	BWL 3
Studiengang:	Sportökonomie
Datum Präsenzphase:	18.07.16 – 21.07.16
Name, Vorname:	Zwinge, Susann-Christin
Studienort:	Köln
Semester:	WS 14

Inhaltsverzeichnis

1 Jahresabschluss

1.1 Teilanalysen der Jahresabschlussanalyse

1.1.1 Vertikale Strukturanalyse (Passivseite) für 2014 und 2015

Tabelle 1: Eigenkapitalquote (Euro in Tsd.)

(Eigenkapital / Gesamtkapital) * 100	= Eigenkapitalquote
(1.285,8 / 2.179,1) * 100	= 59,01 % (2014)
(1.468,0 / 2.761,8) * 100	= 53,15 % (2015)

Tabelle 2: Fremdkapitalquote (Euro in Tsd.)

(Fremdkapital (Rückstellungen + Verbindlichkeiten) / Gesamtkapital) * 100	= Fremdkapitalquote
(893,3 / 2.179,1) * 100	= 40,99 % (2014)
(1.293,8 / 2.761,8) * 100	= 46,85 % (2015)

Tabelle 3: Verschuldungsgrad (Euro in Tsd.)

(Fremdkapital / Eigenkapital) * 100	= Verschuldungsgrad
(893,3/: 1.285,8) * 100	= 69,47 % (2014)
(1.293,8 / 1.468,0) * 100	= 88,13 % (2015)

Tabelle 4: Kapitalumschlagshäufigkeit (Euro in Tsd.)

Umsatz / Gesamtkapital	= Kapitalumschlagshäufigkeit
Gesamtkapital 2014 + Gesamtkapital 2015	= ø Gesamtkapital
3.150,257 / 2.179,1	= 1,45 % (USH(K) 2014)
3.652,369 / 2.761,8	= 1,32 % (USH(K) 2015)

1.1.2 Kurzfristige Finanzanalyse für 2014 und 2015

Tabelle 5: Liquidität 1.Grades (Euro in Tsd.)

(Zahlungsmittelbestand / kurzfr..Verbindlichkeiten) * 100	= Liquidität 1. Grades
(83,5 / 291,5) * 100	= 28,65 % (2014)
(119,1 / 360,6) * 100	= 33,03 % (2015)

Tabelle 6: Fremdkapitalzinsen (Euro in Tsd.)

Fremdkapitalzinssatz * langfristige Verbindlichkeiten / 100	= Fremdkapitalzinsen
4,36 % * 496,5 / 100	= 21,65 € (2014)
2,33% * 832,7 / 100	= 19,40 € (2015)

Tabelle 7: Gewinn anhand der Gesamtkapitalrentabilität ausrechnen (Euro in Tsd.)

[(Gewinn + FKZ) : Gesamtkapital] x 100	= Gesamtkapitalrentabilität
Gesamtkapitalrentabilität / 100 * Gesamtkapital -Fremdkapitalzinsen	= Gewinn
5,23 : 100 * 2.179,1 – 21,65	= 92,32 € (2014)
7,30 : 100 * 2.761,8 – 19,40	= 182,21 € (2015)

Gewinn 2014: 92.316,93 €

Gewinn 2015: 182.211,40 €

Tabelle 8: Cash-Flow (Euro in Tsd.)

Gewinn + Abschreibungen	= Cashflow
92,32 + 72,25	= 164,57 (2014)
182,21 + 94,36	= 276,57 (2015)

Cash-Flow 2014: 164.566,93 €

Cash-Flow 2015: 276.571,40 €

Tabelle 9: Working Capital (Euro in Tsd.)

Umlaufvermögen – kurzfristige Verbindlichkeiten	= Working Capital
651,4 – 291,5	= 359,9 (2014)
662,7 – 360,6	= 302,1 (2015)

Working Capital 2014: 359.900 €

Working Capital 2015: 302.100 €

1.1.3 Erfolgsanalyse (Rentabilitätskennzahlen) für 2014 und 2015

Tabelle 10: Gewinnänderungsrate (Euro in Tsd.)

(Gewinn Geschäftsjahr / Gewinn Vorjahr) * 100	= Gewinnänderungsrate
(182,21 / 92,32) * 100	= 197,37 %

Tabelle 11: Eigenkapitalrentabilität (Euro in Tsd.)

(Gewinn / Eigenkapital) * 100	= Eigenkapitalrentabilität
(92.32 / 1.285,8) x 100	= 7,18 % (2014)
(182,21 / 1.468,0) x 100	= 12,41 % (2015)

Tabelle 12: Umsatzrentabilität (Euro in Tsd.)

(Gewinn / Umsatz) * 100	= Umsatzrentabilität
(92.32 / 3150,26) x 100	= 2,93 % (2014)
(182,21/ 3.652,37) x 100	= 4,99 % (2015)

1.2 Wirtschaftliche Entwicklung

Im folgenden Kapitel wird der Jahresabschluss der XY GmbH analysiert. Um die wirtschaftliche Entwicklung möglichst genau beschreiben zu können, wurden eine vertikale Strukturanalyse (vgl. 1.1.1), Teile einer kurzfristigen Finanzanalyse (vgl. 1.1.2) und Teile einer Erfolgsanalyse (vgl. 1.1.3) durchgeführt.

1.2.1 Eigenkapitalquote:

Die Eigenkapitalquote zeigt den Anteil des Eigenkapitals am Gesamtkapital (Wollenberg, et al., 2004, S. 156). Liegt die Eigenkapitalquote bei 100 %, dann ist das Finanzrisiko gleich Null (Wöhe & Döring, 2015, S. 857). Demnach drückt sie die wirtschaftliche Eigenständigkeit eines Unternehmens aus. Bei dem Unternehmen XY GmbH findet, bei einem Zeitvergleich, eine Senkung der Eigenkapitalquote von 59,01 % auf 53,15 % statt. Der Wert wird noch als ein ordentlicher Wert eingestuft, jedoch sollte bei einer Senkung der Kennzahl die Ursache geklärt werden. Zum einen kann die rückläufige Eigenkapitalquote „auf verstärkte Fremdfinanzierung (Ausnutzung des Leverage-Effektes) oder auf eine Aushöhlung der Eigenkapitalbasis durch permanente Verluste zurückführen" (Wöhe & Göring, S. 857).

1.2.2 Fremdkapitalquote:

Die Fremdkapitalquote ist das Gegenstück zur Eigenkapitalquote. Sie sollte möglichst niedrig gehalten werden, da eine hohe Quote auch das Insolvenzrisiko eines Unternehmens erhöht (vgl. Schuster & Collenberg, 2015, S. 85). Das vorliegende Unternehmen hat im Zeitvergleich seine Fremdkapitalquote um 5,86 % von 40,99 % auf 46,85 % erhöht. Schuster empfiehlt einen Wert von unter 70 %. Trotz der Erhöhung, die mit der rückläufigen Eigenkapitalquote zusammenhängt, weist das Unternehmen daher eine gute Wirtschaftlichkeit vor.

1.2.3 Verschuldungsgrad:

Zur Klärung des finanziellen Status der XY GmbH muss der Verschuldungsgrad erläutert werden. Diese Kennzahl beschreibt die Bilanzkennzahl zur Analyse der Kapitalstruktur von Unternehmen. Der Verschuldungsgrad ist der Quotient aus Fremdkapital und Eigenkapital (statischer Verschuldungsgrad) (Wirtschaftslexikon Gabler, 2014). Niedrige Werte deuten auf eine gute wirtschaftliche Entwicklung hin. Sobald der Wert über 100 % beträgt, ist das Fremdkapital höher als das Eigenkapital. Der Verschuldungsgrad der XY GmbH lag 2014 bei 69,47 % und ist 2015 auf 88,13 % gestiegen. Dieser Wert spiegelt die rückläufige Eigenkapitalquote und die steigende Fremdkapitalquote wieder. Der Verschuldungsgrad liegt noch im akzeptablen Bereich. Demnach ist das Eigenkapital höher als das Fremdkapital.

1.2.4 Kapitalumschlagshäufigkeit:

Die Kapitalumschlagshäufigkeit setzt die Umsatzerlöse in Beziehung zu dem durchschnittlichen Gesamtkapital. Liegt der Wert bei 1, dann wird in einem Jahr ein Umsatz in Höhe des Gesamtkapitals erwirtschaftet. Vollmuth und Zwettler (2008, S. 89) erklären, je höher die Umschlagshäufigkeit des Kapitals ist, desto schneller fließen die Finanzmittel in das Unternehmen zurück. Demnach bedeutet eine größere Zahl eine größere Produktivität. Die XY GmbH liegt im Jahr 2015 mit dem Quotienten bei 1,32 % in einem „ausreichenden" bist „guten" Bereich. Der Wert ist im Vergleich zum Vorjahr gesunken. Der Grund für die Verschlechterung der Umschlagshäufigkeit des Kapitals liegt in der Erhöhung des Kapitals. Durch eine Verringerung der Vorräte und der daraus resultierenden Verminderung des Kapitals kann man diese Kennziffer wieder erhöhen.

1.2.5 Liquidität 1. Grades:

Die Liquiditätsanalyse stellt die Frage nach dem Risiko der Zahlungsunfähigkeit. „Konkret geht es darum, inwieweit das Liquiditätspotential ausreicht, gegebenen Zahlungsverpflichtungen nachzukommen" (Wöhe & Döring, 2015, S. 858). Laut Schuster und Collenberg (2015, S. 89) sollte die Prozentzahl für etablierte Unternehmen bei 20 % liegen. Die Liquidität 1. Grades der XY GmbH ist innerhalb eines Jahres von 28,65 % (2014) auf 33,03 % (2015) um knapp 5 % gestiegen. Daraus lässt sich schließen, dass die flüssigen Mittel gestiegen sein müssen oder aber die kurzfristigen Verbindlichkeiten abgenommen haben. In diesem Fall sind die liquiden Mittel, im Gegensatz zu den kurzfristigen Verbindlichkeiten, höher gestiegen. Perridon und Steiner (2007, S. 547) empfehlen eine Zielvorgabe von 10 % bis 30 %. Demnach kann die Liquidität 1. Grades des Unternehmens XY GmbH als durchaus positiv betrachtet werden. Eine hohe Liquidität bedeutet jedoch auch, dass nicht in langfristige Anlagen investiert wurde, welche sich als sehr rentabel erweisen könnten. Aus diesem Grund könnten der XY GmbH hohe Zinseinnahmen verwehrt bleiben (Schuster & Collenberg, 2015, S .89).

1.2.6 Cash-Flow:

Diese Kennzahl zeigt, wie viel Geld für den laufenden Leistungsprozess benötigt wird bzw. wie viel Geld aus dem laufenden Leistungsprozess übrigbleibt (Wollenberg. et al., 2004, S. 132). Kurz gesagt beschreibt sie die Finanzkraft des Unternehmens. Die XY GmbH weist eine Steigerung des Cash-Flows innerhalb der Jahre 2014/2015 von 112.004,47 Euro auf. 2015 liegt der Wert bei 276.571,40 Euro. Diese deutliche Zunahme des Cash-Flows bedeutet, dass das wirtschaftliche Jahr, auf Grund der Umsatzerlöse, ein besseres Jahr war. Die Erhöhung des Cash-Flows zeigt das gute wirtschaftliche Handeln.

1.2.7 Working Capital:

Das Working Capital gibt Auskunft über die zukünftige Zahlungsfähigkeit und wird auch zur Beurteilung der Kreditwürdigkeit herangezogen (Wöhe & Döring, 2015, S. 858). Es beschreibt, inwiefern das Umlaufvermögen die kurzfristigen Verbindlichkeiten decken kann. Die kurzfristigen Verbindlichkeiten sind bei der XY GmbH schneller angestiegen als das Umlaufvermögen. Aus diesem Grund ist die Kennzahl (Working Capital) von 359,90 € auf 302,10 € gesunken. Ein positiver Working Capital Wert ist immer ein Zeichen für eine gesicherte Liquidität. Daher sollte diese Kennzahl immer über Null liegen.

1.2.8   Gewinnänderungsrate:

„Die Eigenkapital-, Gesamtkapital- und Umsatzrentabilität sind weitgehend abhängig vom ausgewiesenen Gewinn" (Wöhe & Döring, 2015, S. 916).

Die Änderungsrate des Gewinns zeigt hier, wie der Gewinn sich im Gegensatz zum Vorjahr verändert hat. Die Gewinnänderungsrate der XY GmbH weist eine Verbesserung des Gewinnes im Vergleich zum Vorjahr 2014 um 97 % auf. Dieser signifikante Anstieg macht den positiven Verlauf des Jahres 2015 deutlich.

1.2.9   Eigenkapitalrentabilität:

Die Eigenkapitalrentabilität setzt die Ergebnisgröße Gewinn ins Verhältnis zum Eigenkapital. Bei dem Unternehmen XY GmbH stieg sie im Jahre 2015 von 7,18 % auf 12,41 % an. Damit bestätigt diese Kennzahl den positiven Verlauf des Jahres 2015. Je höher die Eigenkapitalrentabilität ist, desto höher hat sich das Eigenkapital verzinst. Dabei wird der Gewinn des Unternehmens als „Zinsen" dargestellt, welche die Eigentümer dafür erhalten, dass sie ihr Geld in das Unternehmen investieren.

1.2.10   Umsatzrentabilität:

Die Umsatzrentabilität gibt an, wie viel Gewinn pro Euro Umsatz generiert werden konnte. Laut Schuster & Collenberg (2015, S.94) wäre eine hohe Gewinnspanne hierbei wünschenswert. Ähnlich wie bei der Eigenkapitalrentabilität steigt auch die Umsatzrentabilität auf 4,99 % im Jahre 2015 an. Fast 5 % vom Umsatz bleiben demnach als Gewinn übrig. Die Umsatzrentabilität unterstreicht damit abschließend den positiven Verlauf des Jahres 2015.

Zusammenfassend lässt sich sagen, dass das Jahr 2015 im Gegensatz zum Jahr 2014 ein äußerst positives Jahr für die XY GmbH war. Jedoch ist kein eindeutiger Trend zu beobachten, da der Beobachtungszeitraum zu kurz gewählt ist, hierfür müssten mindestens fünf Jahre in Betracht gezogen werden.

2 Controlling

2.1 Entwicklung eines Kennzahlensystems

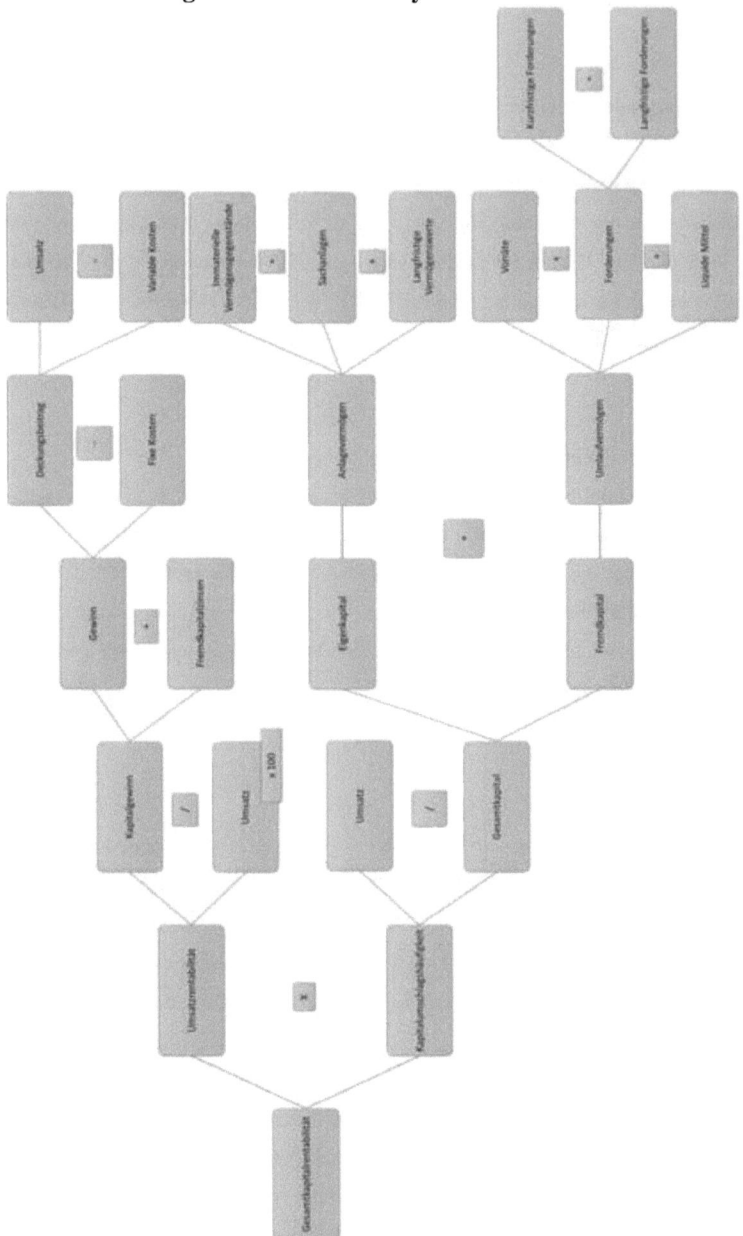

Abbildung 1: Kennzahlensystem

2.2 Entwicklung eines Controllingsystems

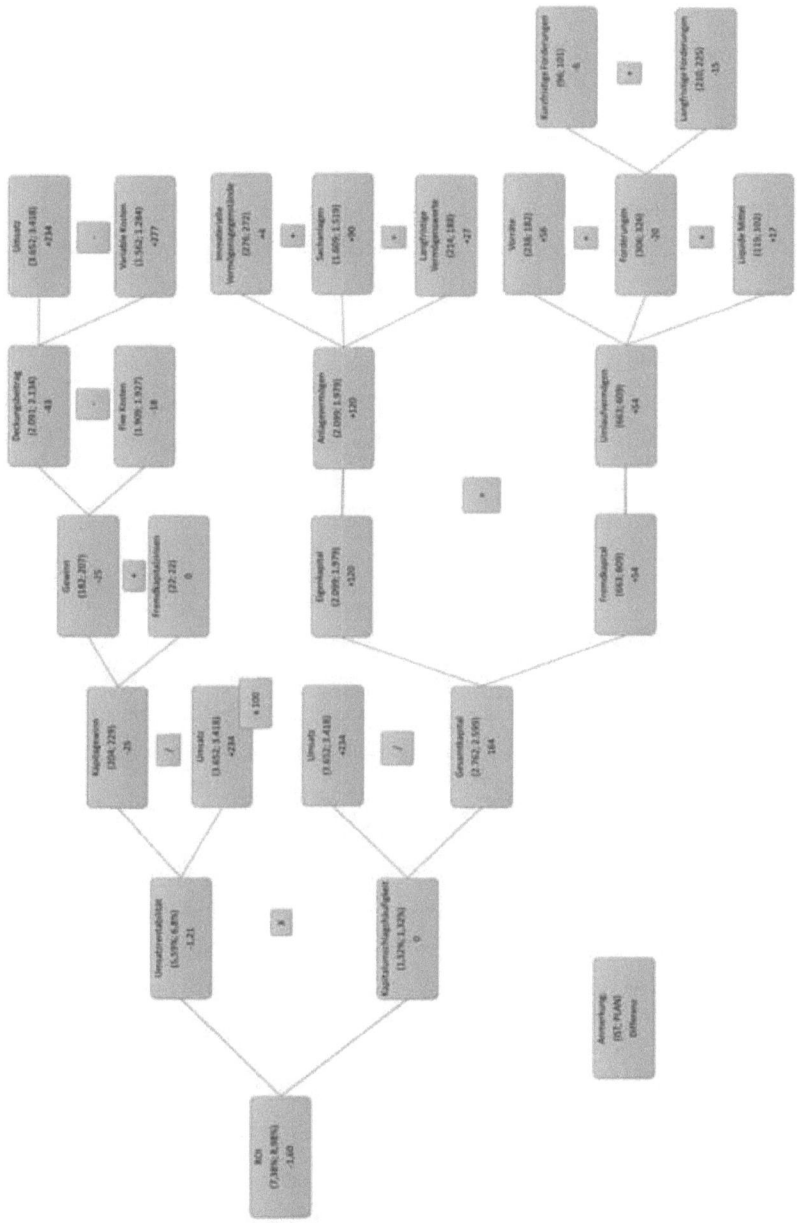

Abbildung 2: Controllingsystem (Euro in Tsd.)

2.3 Interpretation Controllingsystem

Dieses Kapitel befasst sich mit der Interpretation des zuvor aufgestellten Controlling-systems (vgl. Kapitel 2.2). Fortlaufend werden alle Geldbeträge in Tausend Euro ange-geben.

2.3.1 Forderungen

Die Teilnahme an dem Workshop, der ein effektiveres Forderungsmanagement zum Ziel hatte, hat sich positiv ausgewirkt. Die langfristigen Forderungen haben sich im Vergleich zum Vorjahr 2014 um 30,68 Euro (vgl. Kapitel 2.2) reduziert und die Plan-zahl somit um 15 Euro unterboten. Ebenso wie die langfristigen Forderungen haben sich die kurzfristigen Forderungen auch positiv verändert. 9 % weniger kurzfristige Forde-rungen hatte das Unternehmen XY GmbH im Jahr 2015 gegenüber 2014 und liegt damit 14,92 Euro unter den Planzahlen von 2015. Demnach wurde das Ziel die Forderungen auf 326 Euro zu senken mit 306 Euro deutlich erreicht.

2.3.2 Liquide Mittel

Damit gegenüber den Lieferanten genügend Handlungsspielraum zur Verfügung steht wurde die Planzahl für 2015 der liquiden Mittel um 22,5 % erhöht. Demnach kann an-fallenden Zahlungsaufforderungen schneller nachgekommen werden, was für das Un-ternehmen mehr Flexibilität bedeutet. Die XY GmbH konnte die Zielvorgabe sogar leicht übertreffen (Planzahl: 102 Euro, Ist-Zahl: 119 Euro). Damit verschafft sich das Unternehmen mehr Freiheiten, um anfallende Kosten sofort zu begleichen und somit wohlmöglich Preisnachlässe durch Skonto zu bekommen. Dieser Soll-Ist-Vergleich liefert eine positive Differenz von 17 Euro. Sollte diese Entwicklung in Zukunft positiv weitergehen, könnten die liquiden Mittel investiert werden, um so Zinserträge zu erwirt-schaften.

2.3.3 Vorräte

Auf Grund der sich immer verbessernden Versandmöglichkeiten wurde mit einem Zehntel weniger Vorräte kalkuliert. Die Kalkulation wurde zu stark eingeschätzt. Es kamen gegenüber dem Vorjahr sogar 35,8 Euro mehr an Posten dazu. Dabei wurde mit einem Zehntel weniger geplant. Demnach bleibt am Ende eine Differenz von 55,92 Euro an Posten, die eigentlich hätten abgebaut werden müssen. Diese erhöhten Lagerbestände wirken sich negativ auf die Kosten aus. Eine Lagerung könnte sich unter Umständen auf die Miete und Stromkosten auswirken. Ein höherer Vorratsbestand reduziert den Kontostand der Bank und die Bargeldmenge der Kasse auf Grund des Aktivtausches (vgl. Hessen & Gruber, 2011, S. 122). Am Ende des Tages könnte sich dieses Geld in einer schlechten Liquidität äußern.

2.3.4 Umlaufvermögen

Die Kennzahlen Forderungen, liquide Mittel und Vorräte haben Auswirkungen auf das Umlaufvermögen (Wöhe & Döring, 2015, S. 658). Die Zielvorgabe wird um 54 Euro übertroffen. Die Ursachen finden sich in den einzelnen genannten Kennzahlen wieder, welche auch einzeln betrachtet werden müssen, um deren Einflüsse ausmachen zu können. Das größte Augenmerk liegt in diesem Fall bei den Vorräten, da hier die größten negativen Entwicklungen vorliegen.

2.3.5 Anlagevermögen

Das Anlagevermögen setzt sich aus den immateriellen Vermögenswerten, den Sachanlagen und den langfristigen Vermögenswerten zusammen (Wöhe & Döring, 2015, S. 658) und weicht mit knapp 120 Euro von dem Planwert ab. Dies liefert einen viel zu hohen Wert als angenommen. Für die Modernisierungsmaßnahmen wurde unter dem Posten „Sachanlagen" schon ein hoher Planwert einkalkuliert, trotzdem wurde dieser Wert mit 90 Euro deutlich übertroffen. Entweder konnten die Modernisierungsmaßnahmen nicht gut genug eingeschätzt werden oder/ und es wurden weitere Investitionen getätigt. Unter den Posten Sachanlagen fallen unter anderem Produktionsmaschinen, Grundstücke, Betriebs- und Geschäftsausstattungen. Bei hohen Investitionen in Sachanlagen kann im Allgemeinen auf einen gewissen finanziellen Erfolg geschlossen werden, welcher sich in einer Art der Expansion niederschlägt. Eventuell hat eine erhöhte Nachfrage die Anschaffungen zusätzlicher Maschinen etc. erforderlich gemacht.

Betrachtet man die immateriellen Vermögenswerte, ist erkennbar, dass der geplante Rückgang durch den Verkauf der Eigenmarke zu gering einkalkuliert wurde. Für das Planjahr wurde mit 272 Euro gerechnet, tatsächlich umfasste der immaterielle Vermögenswert 2015 jedoch 276 Euro, also eine Differenz von 4 Euro. Immaterielle Vermögenswerte können Lizenzen, Rechte oder auch Marken des Unternehmens sein. Genauso wie die hohen Investitionen in Sachanlagen weisen auch die immateriellen Vermögenswerte auf unternehmerischen Erfolg hin. Die langfristigen Vermögenswerte weisen eine Differenz von 27 Euro auf. Demnach wird die angenommene Steigung des Wertes von 15 % mehr als erreicht.

2.3.6 Gesamtkapital

Da das Gesamtkapital von den beiden Kennzahlen Umlaufvermögen und Anlagevermögen beeinflusst wird, befindet sich der Ist-Wert, mit 2.762 Euro, 164 Euro über dem Planwert (2.599 Euro). Diese Höhe schlägt sich nun auch direkt im Ergebnis der Gesamtkapitalrentabilität nieder.

2.3.7 Umsatz

Aufgrund der gewonnenen Erfahrungen aus den letzten Jahren wurde mit einer Umsatzsteigerung von 8,5 % gerechnet. Die Erfahrung wurde nicht stark eingeschätzt, denn mit 3.652 Euro wurden 234 Euro mehr erwirtschaftet. Entweder wurde dies über gestiegene Verkaufspreise oder eine höhere Umsatzmenge erzielt.

2.3.8 Gewinn

Der Gewinn setzt sich aus dem Deckungsbeitrag und den fixen Kosten zusammen. Der Gewinn 2014 von 92,32 Euro sollte um 114,68 Euro erhöht werden. Dieses Ziel wurde zu hochgesteckt, denn mit 182 Euro wurde zwar mehr Gewinn als im Vorjahr eingenommen, jedoch wurde mit einer Differenz von 25 Euro die Planzahl nicht erreicht. Dies hängt wiederum damit zusammen, dass die variablen Kosten 2015 277 Euro höher als geplant ausfielen.

2.3.9 Gesamtkapitalrentabilität / ROI

Die Gesamtkapitalrentabilität ist der Quotient aus dem Gesamtgewinn zuzüglich den Fremdkapitalzinsen und dem eingesetzten Gesamtkapital (Wöhe & Döring, 2015, S. 39). Diese zeigt auf wie erfolgreich das Unternehmen mit dem eingesetzten Fremd- und Eigenkapital gewirtschaftet hat. Kurz gesagt, es wird hierbei der Rückfluss pro eingesetztem Euro berechnet (Heesen & Gruber, 2014, S. 178). Der Return on Investment (ROI) entspricht der Gesamtkapitalrentabilität (Wöhe & Döring, 2015, S. 863). Der ROI wird im Zähler und Nenner um den Umsatz erweitert. Diese Kennzahlerweiterung hat Vorteile, denn sie verdeutlicht, dass eine Steigerung der Gesamtkapitalrentabilität durch eine Erhöhung der Häufigkeit des Kapitalumschlags oder durch eine Erhöhung der Umsatzrentabilität erreicht werden kann (Wöhe & Döring, 2015, S. 863). Die Gesamtkapitalrentabilität beträgt für das Jahr 2015 7,38 %, was eine Steigerung zum Vorjahr von 2,15 % bedeutet. Somit wurde der Planwert mit einer Differenz von 1,6 zu hoch angesetzt.

3 Kostenrechnung

3.1 Zuschlagskalkulation

Tabelle 13: Handelskalkulationsschema

Einkaufspreis (brutto) 19%	82,71€
Listeneinkaufspreis (netto)	69,50 €
- Rabatt 2,4%	1,67€
= Zieleinkaufspreis	67,83€
- Skonto 1%	0,68€
= Bareinkaufspreis	67,15€
+ Bezugskosten	2.25€
= Bezugspreis / Einstandspreis	69,40€
+ Handlungskosten 63,14%	43,82€
= Selbstkosten	113,22€
+ Gewinn 35,5%	40,19€
= Barverkaufspreis	153,41€
+ Skonto 1%	1.53€
= Zielverkaufspreis	154,95€
+ Rabatt 3%	4,65€
= Listenverkaufspreis (netto)	159,53€
= Verkaufspreis (brutto)	189,92€

Handlungskostenzuschlagssatz = (Gemeinkosten / Einzelkosten) * 100

Handlungskostenzuschlagssatz = [(90.100 (Miete) + 4.096 (Versicherung) + 72.690 (Personal) + 5.248 (Vertrieb) / 272.600 (Wareneinsatz)] * 100

Handlungskostenzuschlagssatz = 63,14%

3.2 Deckungsbeitragsrechnung

Gegeben:

Das Warenhaus XY GmbH hat durchschnittlich 240 Kaufinteressenten / Monat.

80 Kaufinteressenten nahmen eine Laufbandanalyse in Anspruch.

Von diesen 80 Kaufinteressenten erwarben 56 tatsächlich einen Laufschuh und bekamen 50 % der Gebühren der Laufbandanalyse erstattet.

Tabelle 14: Fixe und Variable Kosten

Fixe Kosten (Kf)	Variable Kosten (Kv)
Miete:	Nebenkosten:
8.900 * 20 m² / 1.200 m² = 148,33 €	148,33 € * 5 % / 100 = 7,42 €
Abschreibungen:	Provision:
3.850 € (brutto) / 1.19 = 3.235,29 € (netto)	5 € * 56 = 280 €
3.235,29 € / 72 Monate (6 Jahre * 12 Monate) = 44,94 €	
Kf gesamt: 193,27 €	Kv gesamt: 287,42 €
Gesamte Kosten: Kg = 480,69 €	

Berechnung des Umsatzes:

Umsatz = Preis * Menge

$$U = p * x$$

$$U = 80p - 56 * 0,5p$$

$$U = 52p$$

$$U - Kg = DB = 0$$

Einsetzten in die Formel:

$$52p - 480,69 € = 0 \mid + 480,69 €$$

$$52p = 480,69 € \mid / 52$$

$$p = 480,69 € \mid 52$$

$$p = 9,24 € \text{ (Netto)}$$

$$9,24 € * 1,19 = 11,00 € \text{ (Brutto)}$$

Der Bruttoverkaufspreis für eine Laufbandanalyse beträgt 11,00 Euro, damit der Deckungsbeitrag dieses verkaufsfördernden Angebotes nicht negativ ist.

3.3 Interpretation einer Deckungsbeitragsrechnung

Im letzten Kapitel folgt eine Interpretation einer gegebenen Deckungsbeitragssituation. Diese lautet wie folgt: „Sollte der Deckungsbeitrag II eines Unternehmensbereiches negativ sein, der Deckungsbeitrag I jedoch positiv, so ist die einzig richtige Unternehmensstrategie, dass dieser Geschäftsbereich aufgegeben werden muss.‟

Zuallererst muss der Unterschied zwischen dem Deckungsbeitrag I und II geklärt werden. Der Unterschied liegt hier in der Kostenart. Bei dem ersten Deckungsbeitrag umfassen die direkt zurechenbaren Kosten alle variablen Kosten. Während der Deckungsbeitrag II aus den fixen Kosten besteht (Wöhe & Döring, 2015, S. 931). Tritt der Fall ein, dass der Deckungsbeitrag I positiv ausfällt, so ist der erwirtschaftete Umsatz des Unternehmensbereiches höher als die entstandenen variablen Kosten. Und der Teilbereich kann positiv aufgenommen werden. Überprüft man nun den Deckungsbeitrag II und stellt fest, dass dieser negativ ist, bedeutet dies, dass der Teilumsatz die fixen Kosten nicht übersteigt. Das heißt für das Unternehmen, dass der erwirtschaftete Umsatz in diesem Geschäftsbereich die monatlich anfallenden Kosten nicht decken kann. Aus der betriebswirtschaftlichen Sicht würde es keinen Sinn machen diesen Teilbereich weiterhin aufrecht zu erhalten, da er keinen Gewinn erzielt. Wird nun das gesamte Unternehmen betrachtet, wäre das Aufgeben des Teilbereiches vielleicht ein großer Fehler. Denn befindet sich der Deckungsbeitrag II nicht zu sehr im Minus, sodass andere Teilbereiche diesen mitfinanzieren könnten, würde es Sinn machen diesen Unternehmensbereich aufrecht zu erhalten. Wichtige Voraussetzung hierbei wäre allerdings, dass das Unternehmen insgesamt keinen negativen Gewinn erzielt. Der Betrieb muss analysieren und abwägen, ob die Aufgaben des schwächeren Teilbereiches keine schwerwiegenden Folgen mit sich bringen. Beispielsweise könnten Kündigungen die Folge der Schließung eines Saunabereiches sein. Das wäre fatal, denn aus dieser Sicht würde die Kündigungsrate steigen und somit auch das Ausbleiben von Forderungen durch Mitgliedsbeiträge.

Zusammenfassend lässt sich sagen, dass es keine pauschal richtige Antwort für so eine wichtige Entscheidung gibt. Hierbei muss das gesamte Unternehmen analysiert und begutachtet werden. Den Geschäftsbereich zu schließen würde Sinn machen, wenn das gesamte Unternehmen ins finanziell negative rutschen würde oder der Teilbereich keinen Mehrzweck mehr erfüllen würde. Treten durch die Schließung schwerwiegende Folgen auf, macht es Sinn diesen Bereich zu behalten. Hierbei sollte dann überlegt werden, welche Maßnahmen das Unternehmen ergreifen könnte, um den Teilbereich zu verändern, so dass der Deckungsbeitrag II positiv ausfällt.

4   Literaturverzeichnis

Heesen, B. & Gruber, W. (2011). *Bilanzanalyse und Kennzahlen. Fallorientierte Bilanzoptimierung.* (3. Aufl.). Wiesbaden: Gabler.

Perridon, L. & Steiner, M. (2007). *Finanzwirtschaft der Unternehmung.* (Vahlens Handbücher der Wirtschafts- und Sozialwissenschaften, 14., überarb. und erw. Aufl). München: Vahlen.

Schuster, T. & Collenberg, L. (2015). *Finanzierung: Finanzberichte, -kennzahlen, - planung.* Berlin Heidelberg: Springer Gabler.

Vollmuth, H. J. & Zwettler, R. (2008). *Kennzahlen.* (TaschenGuide, Bd. 13, Best-of-Ed). Planegg/München: Haufe.

Wirtschaftslexikon Gabler. (2014). *Verschuldungsgrad.* Zugriff am 05.08.2016. Verfügbar unter: http://wirtschaftslexikon.gabler.de/Definition/verschuldungsgrad.html.

Wöhe, G. & Döring, U. (2015). *Einführung in die Allgemeine Betriebswirtschaftslehre.* (Vahlens Handbücher der Wirtschafts- und Sozialwissenschaften, 24., vollständig neu bearbeitete Aufl.)). München: Franz Vahlen.

Wollenberger, K., Bienert, M., Carl, N., Dallmeier, U., Disterer, G., Eichholz, W. et al. (2004). *Taschenbuch der Betriebswirtschaft.* (2. Aufl.) Leipzig: Fachbuchverlag im Carl Hanser Verlag.

5 Abbildungs- und Tabellenverzeichnis

5.1 Abbildungsverzeichnis

5.2 Tabellenverzeichnis

BEI GRIN MACHT SICH IHR WISSEN BEZAHLT

- Wir veröffentlichen Ihre Hausarbeit, Bachelor- und Masterarbeit

- Ihr eigenes eBook und Buch - weltweit in allen wichtigen Shops

- Verdienen Sie an jedem Verkauf

Jetzt bei www.GRIN.com hochladen und kostenlos publizieren